Así nos saludamos

Stephanie Loureiro

Es bonito saludar.

¿Cómo nos saludamos?

Yo sonrío.

Ellos chocan los cinco.

Nosotros conversamos.

Piensa y habla

¿Cómo te sientes cuando saludas a alguien?

Ellas dicen hola.

Ellos también dicen hola.

¿Cómo saludas tú?

Salta a la ficción

Saludos

Hola. Me llamo Mike.

Es un gusto conocerte.

Civismo en acción

Saludamos a nuestros amigos con la mano y con una sonrisa. También conocemos a personas nuevas. Les decimos hola.

1. Imagina que conoces a una persona nueva.

2. Piensa distintas maneras de saludarla.

3. Haz un dibujo. Muestra lo que harás cuando conozcas a esa persona.

www.ingramcontent.com/pod-product-compliance
Lightning Source LLC
Chambersburg PA
CBHW041507010526

44118CB00001B/43